INHALT

Rezepte für den Thermomix

Fruchteis	4	Tomate-Ei-Aufstrich	22
Grießschaum für den Hunger auf Süßes	4	Würzige Tatarbrote	22
Rote Grütze	5	Gefüllte Cannelloni	23
Schoko-Minz Muffin	6	Heiß geliebter Nudelauflauf	23
Buttermilch Waffeln	6	Käse-Nudel-Auflauf	24
Käsekuchen	7	Lasagne mit buntem Gemüse	24
Käsetorte	8	Quark-Obst-Auflauf	25
Schinken-Nudel-Gugelhupf	8	Überbackene Hähnchenfilets auf Pilzreis	25
Schwarz-Weiß Muffin	9	Wintergemüse-Auflauf	26
Tatar Muffins	9	Borschtsch	27
Zwetschgen-Kuchen	10	Bunter Hackbraten	27
Asiatische Gemüsesuppe mit Schweinefilet	11	Chilli-Honig-Chicken	28
Bananen-Currycrème-Suppe	11	Gemüsebolognese	28
Chilli-Paprika-Suppe	12	Gulasch	29
Einfache Erbsencrèmesuppe	12	Gyrosteller mit Salat	29
Einfache Maiscrèmesuppe	13	Hähnchenbrustfilet mit Gemüse & Käse	30
Falsche Markklößchensuppe	13	Kalbschnitzel mit Pilzen	30
Gemüse-Suppe, die satt macht!	14	Kartoffeleintopf mit Bohnen und Mais	31
Kalte Avocadosuppe	14	Mexikanische Gemüsequiche	31
Kokosnusssuppe mit Garnelen	15	Nudeln mit Gemüsestreifen	32
Salsa-Suppe	15	Paprika-Kraut-Topf	32
Scharfe Kürbissuppe	16	Reibekuchen mit Lachs	33
Tomatensuppe	16	Spaghettiomelett	33
Zucchinicrème Suppe	17	Spaghettipizza	34
Zucchinisuppe	17	Spinat-Risotto	34
Bunter Thunfischsalat	18	Tomatige Putenschnitzel	35
Feldsalat mit Himbeeren	18	Türkische Pizza	35
Jam Rohkostsalat	19	Lachs-Frischkäse-Rolle	36
Kohlrabi-Apfel-Möhren-Rohkost	19	Kabeljau mit Tomaten und Champignons	36
Petersiliensalat	20	Mahi-Mahi Filet	37
Pizzateig	21	Orangensoße an Seezungenfilets	37
Scharfer Olivendip mit Gemüsestiften	21		

Fruchteis

(1 Person) pro Person: 2 *.

ZUTATEN:

150 g gefrorene Früchte
(Erdbeeren, Himbeeren usw.)
150 g Magerjoghurt (0,1 % Fett)
2 EL saure Sahne
1 EL Zitronensaft und flüssiger
Süßstoff, soviel wie man mag

ZUBEREITUNG:

Gefrorene Früchte in den Mixtopf geben und auf **Stufe 8** zerkleinern. Restliche Zutaten zugeben und nochmals **3 Min./Stufe 5–7** mischen. Das Eis kann sofort verzehrt werden oder auch wieder eingefroren werden, dann sollte es aber immer wieder püriert werden vor dem Essen, damit es schön cremig bleibt!

Grießschaum
für den Hunger auf Süßes

(1 Person) pro Person: 2,5 *.

ZUTATEN:

GRIESSSCHAUM:
250 g Milch (0,3 %)
2 EL Grieß
Süßstoff, flüssig
1/3–1/2 TL Weinsteinbackpulver
HIMBEERSOSSE:
300 g gefrorene Himbeeren
oder Erdbeeren
Süßstoff

ZUBEREITUNG:

Rühraufsatz einsetzen! Zutaten in den Mixtopf geben **5–6 Min./100 °C/Stufe 2** kurz aufkochen. Backpulver zugeben und **8–10 Min./ohne Hitze/Stufe 3** aufschlagen. In Dessertschälchen füllen und abkühlen lassen.
SOSSE: Himbeeren oder Erdbeeren auf **Stufe 10** pulverisieren. Süßstoff zugeben und **6 Min./60 °C/Stufe 2** erwärmen.

(1 Person) pro Person: 1 *.

Rote Grütze

ZUTATEN:

400 g gemischte Beeren
1 EL Vanillepudding Pulver
100 ml Apfelsaft
Süßstoff
Vanillearoma

ZUBEREITUNG:

Beeren in den Mixtopf füllen und **6 Min./100 °C/Stufe 2** aufkochen. Pudding und Apfelsaft in einem Glas mischen und zu den Beeren geben. Nochmals **2 Min./90 °C/ Stufe 2** andicken lassen. Mit Süßstoff und Vanillearoma abschmecken.

BACKWAREN
SÜSS & PIKANT

Schoko-Minz Muffin

(1 Portion) pro Portion: 4 *.

ZUTATEN:

200 g Schoko-Minz Täfelchen
250 g Mehl
2 ½ TL Backpulver
½ TL Natron
1 Ei
90 g Zucker
125 g Halbfettmargarine
250 g Buttermilch
ZUTATEN FÜR DIE GLASUR:
150 g Puderzucker
2–3 EL Wasser
2–3 Tropfen Pfefferminzöl
Schokostreusel

ZUBEREITUNG:

Backofen auf 180 °C (Umluft 160 °C) vorheizen. Schoko-Minz Täfelchen in den Mixtopf geben und **2–3 Sek./ Stufe 7** zerkleinern. Restliche Zutaten zugeben und **2,5 Min./Brotstufe** verkneten. Teig in Papierförmchen bzw. Muffinblech geben. Auf mittlerer Schiene ca. 20–25 Minuten backen. Etwas abkühlen lassen. Mixtopf spülen. Puderzucker mit Wasser und dem Pfefferminzöl in den Mixtopf geben und kurz **Stufe 3** vermischen, bis eine glatte Masse entsteht. Obere Hälfte der Muffins in die Glasur tauchen, abtropfen lassen und mit Schokostreuseln garnieren.

Buttermilch Waffeln

(1 Waffel) pro Portion: 2 *.

ZUTATEN:

250 g Buttermilch
2 P. Vanillezucker
3 Eigelb
½ P. Backpulver
270 g Mehl
4 Eiweiß

ZUBEREITUNG:

Eiweiß in den Mixtopf geben und **3 Min./Stufe 8** steif schlagen und umfüllen. Restl. Zutaten in den Mixtopf geben und **3 Min./Stufe 5** mischen. Am Schluss kurz das Eiweiß **Stufe 3** unterheben. Waffeln im beschichteten Waffeleisen fettfrei ausbacken.

(12 Stücke) pro Stück: 3 *.

Käsekuchen

ZUTATEN:

BODEN:
150 g Mehl
75 g Halbfettbutter
1 Ei
1 EL Süßstoff flüssig
1 TL Backpulver
KÄSEMASSE:
2 Eier
3 EL Süßstoff flüssig
1 P. Vanillepuddingpulver
500 g Magerquark (0,2 %)
500 ml Milch (0,3 %)

ZUBEREITUNG:

Backofen auf 200 °C vorheizen. Alle Zutaten für den Boden in den Mixtopf wiegen und dann **30 Sek./Stufe 5–6**, bis erst Krümel entstehen und dann ein fester Teig. Den Teig entnehmen (er lässt sich mühe- und restlos aus dem Topf entfernen) und in Frischhaltefolie wickeln, dann in den Kühlschrank geben. Nun die Zutaten für die Füllung in den Mixtopf geben und ca. **20 Sek./Stufe 5** verarbeiten (mit MB, da es spitzt). Eine Springform mit Backpapier auslegen, den Mürbteig mit bemehlten Händen in die Form drücken und den Rand etwa 3–4 cm hochziehen. Die Käsemasse vorsichtig eingießen und den Kuchen auf der 2. Schiene von unten ca. 60 Min. bei 200 °C backen.

VARIANTE: Man kann auch bevor man die Käsemasse eingießt noch Dosenfrüchte einfüllen, z. B. Mandarinen, Pfirsiche etc.

Käsetorte

(1 Stück) pro Person: 2,7 oder 3,6 *

ZUTATEN:

200 ml Crèmefine (19 %)
180 g Zucker
4 Eier
2 EL Grieß
2 EL Mehl
1000 g Quark (0,2 %)
½ P. Backpulver
Zitronenschale und einige
Tropfen Backaroma
Butter & Vanille

ZUBEREITUNG:

Crèmefine, Zucker und Eier in den Mixtopf geben, **1,5 Min./ 40 °C/Stufe 5** rühren. Dann Grieß, Mehl, Quark, Backpulver, Zitronenschale und Backaroma dazugeben, **15 Sek./Stufe 5** verrühren. Eine Springform evtl. einfetten und den flüssigen Teig hinein geben. Bei 180 °C ca. 75 Min. backen. Der ganze Kuchen hat dann (43 *). Bei 12 Stück hat eines 3,6 *. Bei 16 Stück hat eines genau 2,7 *.

Schinken-Nudel-Gugelhupf

(16 Stücke) pro Stück: 2,5 *

ZUTATEN:

200 ml Wasser
½ TL Zucker
1 Würfel Hefe
300 g Mehl
½ TL Salz
1 Ei
55 g Halbfettmargarine
200 g roher Schinken
2 Zwiebeln
60 g gehackte Walnüsse

ZUBEREITUNG:

Zwiebeln und Schinken **4 Sek./Stufe 5** zerkleinern und in einer Pfanne fettfrei anbraten und auf Küchenkrepp abkühlen lassen. Wasser, Zucker, Hefe, Mehl, Salz, Ei und Margarine **2 Min./Teigstufe** zu einem Teig verarbeiten. An einem warmen Ort 30 Minuten gehen lassen. Nüsse, Zwiebeln und Schinken unter den Teig mengen. Teig in eine gefettete und mit Mehl bestäubte Gugelhupfform (oder Silikonform) füllen und weitere 10 Minuten gehen lassen. Gugelhupf im vorgeheizten Backofen auf mittlerer Schiene bei 200 °C ca. 50 Min. backen. Warm oder kalt servieren.

Schwarz-Weiß Muffin

(12 Stücke) pro Stück: 3 *.

ZUTATEN:

4 TL geriebene Orangenschale
oder Orangenback
2 TL Zimt
4 EL Blaubeeren
(oder Marmelade)
1 EL Kakaopulver, entölt
ohne Zucker
125 ml fettarme Milch (0,3 %)
1 P. Backpulver
240 g Mehl
100 g Halbfettmargarine
oder Halbfettbutter
6 EL Zucker
3 Eier

ZUBEREITUNG:

Eier, Zucker, Margarine **10 Sek./Stufe 6** schaumig rühren. Mehl und Backpulver zufügen und **2,5 Min./Brotstufe** zu einem glatten Teig rühren. Teig halbieren. Eine Hälfte davon mit dem Kakaopulver **4 Sek./Stufe 5–6** verrühren und die Blaubeeren **LL** unterheben und mit einem Esslöffel portionsweise inkl. Muffinpapierförmchen füllen. Die zweite Hälfte des Teiges mit Zimt und Orangenschale **4 Sek./Stufe 5–6** verrühren. Auch diese mit Esslöffeln in die Papierförmchen einfüllen und beide Muffinsorten nun ca. 20 Min. bei 200 °C backen.

Tatar Muffins

(12 Stücke) pro Stück: 1,7 *.

ZUTATEN:

1 Zwiebel
1 Knoblauchzehe
1–1 ½ rote oder gelbe
Paprikaschote
100 g Champignons
oder kleine Dose 170 g
100 g Mozzarella
2 Eier
50 g Paniermehl
420 g Tatar
1 TL Öl
Salz & Pfeffer
Senf
Kräuter nach Geschmack
Muffinformen für 12 Stück

ZUBEREITUNG:

Den Backofen vorheizen auf 190 °C. Knoblauch, Zwiebeln Paprika **4 Sek./Stufe 5** zerkleinern. Anschließend Pilze, und Mozzarella, **3 Sek./Stufe 5** zerkleinern. Salz, Pfeffer, Senf, Paniermehl, Eier zugeben und **5 Sek./LL/Stufe 4** mischen. Tatar mit dem Spatel **45 Sek./LL/Stufe 3** untermischen. Der Teig sollte schön gemischt aber nicht matschig sein. Das Öl in einen Eierbecher und mit dem Backpinsel die zwölf Formen ausstreichen (Bei Silikon-Backformen braucht man noch nicht mal das ganze Öl). Den Teig in die Muffinform füllen (ca. 80 g–90 g pro Muffin). Nun im Backofen für 20–25 Min. backen.

Zwetschgen-Kuchen

(20 Stücke) pro Stück: 3,5 *.

ZUTATEN:

125 g fettarme Milch
100 g Halbfettmargarine
1 P. Trockenhefe
380 g Mehl
1 Pr. Salz
75 g Zucker
60 g Marzipan in
kleinen Stücken
ca. 1,2 kg Zwetschgen
120 g Mehl
75 g Zucker
70 g Halbfettmargarine
60 g Kokosraspel oder
gemahlene Mandeln

ZUBEREITUNG:

Milch und Margarine in den Mixtopf geben und **2 Min./40 °C** kurz erwärmen. Hefe, Mehl, Salz, Zucker und Marzipan in Stücke zugeben und **2 Min./Brotstufe** kneten. Im Mixtopf ca. 45 Minuten gehen lassen. Zwetschgen entsteinen und vierteln. Den Teig ausrollen und auf ein Backblech mit Backpapier geben. Die Zwetschgen darauf verteilen. Restliche Zutaten in den Topf geben und bei **Stufe 5** mit Hilfe des Spatel zu Streuseln verarbeiten. Auf den Zwetschgen verteilen und mit Zimt bestäuben. Bei 175 °C vorgeheizt 40 Min. backen.

Asiatische Gemüsesuppe mit Schweinefilet

(1 Person) pro Person: 6 *.

ZUTATEN:

100 g Schweinefilet
100 g Möhren
1 Lauchzwiebel
40 g Glasnudeln
½ l Wasser
1 TL Gemüsebrühe
50 ml Kokosmilch
30 g Mungobohnensprossen
Sojasoße
1 Limette

ZUBEREITUNG:

Schweinefilet fettfrei in der Pfanne anbraten. In den Einlegeboden legen. Möhren, Lauchzwiebeln in den Mixtopf geben und **3 Sek./Stufe 5–6** zerkleinern. Dann mit den Sprossen in den Varoma® füllen. Nudeln ins Garkörbchen füllen. Deckel drauf, Varoma® aufsetzen und alles **25–30 Min./Varoma®/Stufe 1** garen. Varoma® entnehmen und warm stellen. Ebenfalls die Nudeln. Nun Wasser (sollte noch ¼ Liter sein) mit Kokosmilch, Brühe, Sojasoße auffüllen. Kurz aufkochen **3–4 Min./90 °C/Stufe 2**. Suppe mit dem Gemüse und dem Fleisch in eine Schüssel füllen und mit Limettensaft abschmecken.

Bananen-Currycrème-Suppe

(1 Person) pro Person: 2,5 *.

ZUTATEN:

4 Frühlingszwiebeln
20 g Butter
400 g Bananen
in groben Stücken
1 l Gemüsebrühe
3 EL Curry
1 TL Crème fraîche

ZUBEREITUNG:

Frühlingszwiebeln **5 Sek./Stufe 5** zerkleinern. Butter zugeben und **3 Min./100 °C/Stufe 2** dünsten. Bananen und Gemüsebrühe dazugeben und **10 Min./90 °C/Stufe 2** aufkochen und dann nochmals kurz auf **Stufe 10/Turbo** pürieren. (Dabei mit einem feuchten Tuch den MB festhalten.)

Chilli-Paprika-Suppe

(1 Person) pro Person: 0,5 *.

ZUTATEN:

1 P. Pomito
2 rote Paprikaschoten
1 Zwiebel
2 Knoblauchzehen
½ l Gemüsebrühe
2 Babychilies
oder 2 frische Pfefferschoten
Salz (kein Pfeffer!!!)
Basilikum

ZUBEREITUNG:

Paprika, Zwiebeln, Knoblauch, Chilies in den Mixtopf geben und alles **3 Sek./Turbo** zerkleinern. Brühe auffüllen und **30 Min./Varoma®/Stufe 2** aufkochen lassen. Danach **3 Sek./Turbo** pürieren. Deckel mit nassem Lappen dabei festhalten (Spritzgefahr!). Eventuell 1 EL saure Sahne dazugeben (0,5 * pro Teller).

Einfache Erbsencrèmesuppe

(1 Person) pro Person: 2,5 *.

ZUTATEN:

280 g Erbsen
250 ml Milch (0,3 %)
Brühe
Pfeffer & Muskat

ZUBEREITUNG:

Die Erbsen abtropfen lassen und zusammen mit der Milch in den Mixtopf geben und **1 Min./Stufe 10** pürieren. Anschließend auf **2 Min./100 °C/Stufe 4** aufkochen lassen. Mit 1 TL Brühpulver, Pfeffer und Muskat abschmecken. Wenn die Schalen der Erbsen noch zu spüren sind, nochmals **Stufe 10** pürieren. Wenn die Suppe zu dick ist, mit Wasser verdünnen und nachwürzen.

SUPPEN

Einfache Maiscrèmesuppe

(1 Person) pro Person: 2,5 *.

ZUTATEN:

280 g Mais
250 ml Milch (0,3 %)
Rinder- oder Hühnerbrühe
Pfeffer
Paprika oder Curry

ZUBEREITUNG:

Den Mais abtropfen lassen und zusammen mit der Milch in den Mixtopf geben. Auf **höchster Stufe 1 ½** Minuten pürieren. Anschließend auf ca. **2 Min./100° C/Stufe 1** aufkochen lassen. Mit 1 TL Brühpulver und Pfeffer würzen. Nach Belieben mit Paprika oder Curry abschmecken. Wenn die Schalen der Maiskörner noch zu spüren sind, nochmals auf höchster Stufe pürieren.

Falsche Markklößchensuppe

(1 Person) pro Person: 4 *.

ZUTATEN:

150 g Brot fein mahlen
Petersilie
60 g Halbfettbutter
Salz & Pfeffer
Muskat
2 Eier
1,5 l Gemüsebrühe

ZUBEREITUNG:

Brot **10 Sek./Stufe 10** fein mahlen. Petersilie dazugeben und ebenfalls **10 Sek./Stufe 6** zerkleinern. Butter, Eier dazugeben und alles **10 Sek./Stufe 4** mischen. Mit Salz, Pfeffer und Muskat abschmecken und nochmals **5 Sek./Stufe 3** mischen. Daraus nun kleine Klöße formen und in Brühe, die man vorher kocht, **10 Min./100 °C/Stufe 1** gar ziehen lassen. Ca. 10–15 Min.

SUPPEN

Gemüse-Suppe, die satt macht!

ZUTATEN:

2 Tomaten
1 Zucchini
4 Scheiben
Putenbrustaufschnitt
1 TL Rapsöl
3 gewürfelte Kartoffeln
¼ l Gemüsebrühe
Majoran
Salz & Pfeffer
1 TL saure Sahne

ZUBEREITUNG:

Alle Zutaten würfeln und **3,5 Min./100 °C/Stufe 1** anbraten. Dann gewürfelte, gekochte Kartoffeln, Gemüsebrühe dazugeben und **7 Min./100 °C/Stufe 1** kochen. Mit Majoran, Salz und Pfeffer abschmecken. Zum Schluss noch 1 TL saure Sahne dazugeben. Wer mag, kann auch noch 1 Dose grüne Bohnen dazugeben!

Kalte Avocadosuppe

(1 Portion) pro Portion: 2 *.

ZUTATEN:

1 kleine reife Avocado (100 g)
500 ml Brühe (2 TL Instant)
2 EL Zitronensaft
1 Knoblauchzehe
150 g fettarmer Joghurt
3 EL gemischte,
gehackte Kräuter
Salz & Pfeffer
Chilipulver

ZUBEREITUNG:

Avocado entkernen und Fruchtfleisch mit Brühe und Zitronensaft im Mixtopf **Stufe Turbo** pürieren. Knoblauch zerdrücken (oder im Mixtopf **Stufe 8** vorher zerkleinern), mit Joghurt und 2 EL Kräutern **2–3 Sek./Stufe 3** unterrühren. Suppe mit Salz, Pfeffer und Chilipulver abschmecken und mindestens 1 Stunde kaltstellen. Avocadosuppe mit restlichen Kräutern garnieren und mit Chilipulver bestäubt servieren.

Kokosnusssuppe mit Garnelen

(1 Person) pro Person: 2,5 *.

ZUTATEN:

400 ml Gemüsebrühe (3 TL Instant)
400 ml Wasser
200 ml Kokosnussmilch
zum kochen (Konzentrat)
2 Stangen Zitronengras
¼ Bund Frühlingszwiebeln
1 Stück Ingwerknolle
2 rote Chilischoten
100 g Bambussprossen (Dose)
½ Limette (ersatzweise Zitrone)
3 EL helle Sojasoße
1 TL Zucker
200 g Cocktailtomaten
120 g Garnelen ohne Schale
einige Blätter frischer Koriander

ZUBEREITUNG:

Brühe, Wasser und Kokosmilch in den Mixtopf geben und **3 Min./100 °C/Stufe 2** erhitzen. Zitronengras in Stücke und Frühlingszwiebeln in Ringe schneiden und dazugeben. Nun nochmals **4 Min./100 °C/LL/Stufe 2** kochen. Ingwer schälen, fein reiben, Chilischoten entkernen, in feine Ringe schneiden und beides zufügen. Abgetropfte Bambussprossen zufügen und nochmals **8–10 Min./90 °C/LL/Stufe 2** garen. Limette auspressen. Suppe mit Limettensaft, Sojasoße und Zucker abschmecken. Cocktailtomaten

vierteln, mit Garnelen zufügen und ca. 5 Minuten gar ziehen lassen. Hitze ausstellen und nur noch **LL/Stufe 2** rühren lassen. Kokosnusssuppe mit Koriander garniert servieren.

Salsa-Suppe

(1 Portion) pro Portion: 1,5 *.

ZUTATEN:

1 Zwiebel
200 g Tomaten
1 Paprika
1 TL Olivenöl
2 EL Mais (Dose)
200 ml Gemüsebrühe
1 TL Thymian
1 TL Oregano
etwas Salz, Pfeffer & Chilipulver
(nach eigenem Geschmack)

ZUBEREITUNG:

Zwiebel, Tomaten und Paprika **5 Sek./Stufe 5** zerkleinern. Öl hinzufügen und **3 Min./100 °C/Stufe 2** andünsten. Brühe, Mais, Gewürze dazugeben und **10 Min./100 °C/Stufe 2** aufkochen.

Scharfe Kürbissuppe

(1 Portion) pro Portion: 1 *.

ZUTATEN:

2 Zwiebeln
1 rote Chilischote
2 Knoblauchzehen
2 TL Pflanzenöl
800 ml Gemüsebrühe
(4 TL Instant)
600 g Kürbis (z. B. Hokkaido)
Salz & Pfeffer
4 EL saure Sahne
2 EL gehackter Schnittlauch

ZUBEREITUNG:

Zwiebeln, Chilischote, Knoblauchzehen in den Mixtopf geben und **3 Sek./Stufe 8** zerkleinern. Öl zufügen und **3 Min./90 °C/Stufe 2** erhitzen. Brühe zugießen und **10 Min./100 °C/Stufe 2** kochen. Kürbis entkernen, schälen, würfeln und zufügen. Nochmals **8 Min.** nachstellen und alles köcheln lassen. Am Ende **3–5 Sek./Turbo** pürieren (Messbecher mit Topflappen festhalten – Spritzgefahr). Kürbissuppe auf vorgewärmte Teller füllen und mit einem Klecks Schnittlauchsahne garniert servieren.

Tomatensuppe

(1 Portion) pro Portion: 1 *.

ZUTATEN:

30 g Zwiebel
0,5 l Gemüsebrühe
20 g Halbfettmargarine
2 gestr. EL Speisestärke
½ TL Salz
¼ TL Pfeffer
¼ TL Paprika edelsüß
1 Tropfen flüssiger Süßstoff
500 g reife Tomaten
2 EL Tomatenmark
2 Stängel Petersilie
evtl. ½ Knoblauchzehe

ZUBEREITUNG:

Alle Zutaten in den Mixtopf füllen, kurz zerkleinern, dann **10 Min./100 °C/Stufe 1** kochen. Suppe evtl. nachwürzen, in Tassen füllen und genießen.

Zucchinicrème Suppe

(1 Topf) pro Portion: 7,5 *.

ZUTATEN:

1 Zwiebel
1 Knoblauchzehe
2 mittelgroße Kartoffeln
600 g Zucchini
1 TL Distelöl
1 ½ TL Salz
1–2 Pr. Pfeffer
1 TL Brühe
300 g Wasser
(nach Geschmack auch
400 g, dann 1 ½ TL Brühe)
125 ml fettarme Milch
2 EL Frischkäse (28 % Fett absolut)

ZUBEREITUNG:

Zwiebel und Knoblauch in den Mixtopf geben und **3 Sek./ Stufe 5** zerkleinern. Distelöl zugeben und **2 Min./Varoma®/ Stufe 1** andünsten. Kartoffeln und Zucchini zugeben und **7 Sek./Stufe 5** zerkleinern, anschließend weitere **3 Min./ 100 °C/Stufe 2** dünsten. Mit Salz und Pfeffer würzen, Wasser und Brühe zugeben und ca. **12 Min./100 °C/Stufe 2** garen. (Oder falls noch Zucchinistreifen zur Dekoration im Dampf mitgegart werden sollen: Varoma® mit Zucchinistreifen füllen, aufsetzen und die Suppe **15 Min./Varoma®/Stufe 2** garen.) Milch und Frischkäse zufügen und **10 Sek./Stufe 10** pürieren.

Zucchinisuppe

(2 Portionen) pro Portion: 4 *.

ZUTATEN:

2 Zwiebeln
2 TL Olivenöl
500 g Zucchini
500 ml heißes Wasser
2 TL Gemüsebrühe (Instant)
100 g Schmelzkäse
(20 % Fett i. Tr – Gemüse, Kräuter,
Schmelz, Salami)
Pfeffer
80 g mageren Würfelschinken

ZUBEREITUNG:

Zwiebeln **4 Sek./Stufe 5** zerkleinern. Öl zufügen und **3 Min./Varoma®/Stufe 1** dünsten. Zucchini in Stücken dazu geben **2 Min./Varoma®/Stufe 1** dünsten. Wasser auffüllen und Brühe einfüllen. Nun alles **15 Min./100 °C/Stufe 1** aufkochen. Anschließend **5–6 Sek./Stufe 7–8** pürieren. Zum Schluss Schmelzkäse dazugeben und mit Pfeffer abschmecken. Nochmals **3 Sek./Stufe 3** rühren lassen. Zum Schluss Schinkenwürfel einfüllen.

Bunter Thunfischsalat

(1 Portion) pro Portion: 6 *.

ZUTATEN:

½ Knoblauchzehe
2 Tomaten · 1 Schalotte
1 Stück Salatgurke
1 hart gekochtes Ei
1 Hand voll Eisbergsalat
5 grüne Oliven
2 EL Thunfisch im eigenen Saft
1 TL Senf · 1 ½ EL Essig
Salz & Pfeffer
1 TL Pflanzenöl

ZUBEREITUNG:

Knoblauch, Tomaten und Schalotte in den Mixtopf geben und **2 Sek./Stufe 7** zerkleinern. In eine Schüssel füllen. Salatgurke und Ei in Scheiben schneiden. Alles mit Eisbergsalat, Oliven und Thunfisch vermengen. Dressing aus Senf, Essig, Salz, Pfeffer und Öl im Mixtopf **3 Sek./ Stufe 5** herstellen.

Feldsalat mit Himbeeren

(1 Portion) pro Portion: 1,5 *.

ZUTATEN:

2 TL Pistazien
4 TL Sonnenblumenöl
2 EL Himbeeressig
1 EL Zitronensaft
4 EL Brühe (1 Pr. Instant)
1 TL Honig
Salz & Pfeffer
einige Tropfen flüssiger Süßstoff
250 g Feldsalat
100 g Himbeeren

ZUBEREITUNG:

Pistazien in den Mixtopf geben und **2 Sek./Stufe 7** zerkleinern. Nun **2 Min./90 °C/Stufe 2** fettfrei anrösten. Öl, Essig, Zitronensaft, Brühe und Honig zufügen und **20 Sek./Stufe 4** verrühren. Mit Salz, Pfeffer und Süßstoff abschmecken. Salat und Beeren auf Tellern anrichten und mit Dressing beträufelt servieren.

SALATE

Jam Rohkostsalat

(1 Portion) pro Portion: 1 *.

ZUTATEN:

1 Paprika
2–3 Möhren
3 Röschen Brokkoli
1 TL Himbeeressig
1 TL kaltgepresstes Olivenöl
(Wegen der
Vitaminverwertung!)
1 TL Honig
1 TL Senf
Salz & Pfeffer

ZUBEREITUNG:

Gemüse **3–4 Sek./Stufe 5** zerkleinern. Im **LL** die anderen Zutaten dazu.

Kohlrabi-Apfel-Möhren-Rohkost

(1 Portion) pro Portion: 6 *.

ZUTATEN:

1 Kohlrabi
2 große Möhren
2 kleine Äpfel (Elstar oder
Golden Delicious)
2 EL 0,1% Joghurt
ein paar Spritzer Zitronensaft
1 TL Honig (gegen den sauren
Geschmack der Zitrone)

ZUBEREITUNG:

Das Gemüse in Stücke schneiden und in den Mixtopf geben, darüber dann den Zitronensaft, den Joghurt und den Honig geben (dazu dann noch ggf. die Nüsse). Alles **4 Sek./Stufe 4–5** zerkleinern. Ergibt eine große Portion, die man z. B. den Abend über Essen kann und richtig satt macht!

Petersiliensalat

(1 Portion) pro Portion: 1,5 *.

ZUTATEN:

2 Zwiebeln
400 g Tomaten
2 Bund glatte Petersilie
2 Knoblauchzehen
4 TL Olivenöl
(ersatzweise Pflanzenöl)
4 EL Zitronensaft
Salz & Pfeffer
4 TL Sesam

ZUBEREITUNG:

Zwiebeln und Petersilie in den Mixtopf geben und **3 Sek./ Stufe 5** zerkleinern und in eine Schüssel füllen. Tomaten fein würfeln (im Mixtopf werden sie zu matschig). Knoblauch, Öl, Zitronensaft, Salz, Pfeffer und Sesam in den Mixtopf geben und kurz alles auf **Stufe 4** verrühren. Mit den Salatzutaten vermischen und vor dem Servieren mindestens 10 Min. ziehen lassen.

Pizzateig

(1 Portion) pro Portion: 4,5 *.

ZUTATEN:

300 g Mehl
1 P. Trockenhefe
1 TL Olivenöl
1 TL Honig
¾ TL Salz
ca. 150 ml lauwarmes Wasser

ZUBEREITUNG:

Alles zusammen in den Mixtopf **2 Min./Brotstufe** durchkneten. Danach auf dem Backblech ausrollen und mind. 30 Min. gehen lassen. Dann nach Belieben belegen, backen und genießen!

Scharfer Olivendip mit Gemüsestiften

(1 Portion) pro Portion: 2 *.

ZUTATEN:

75 g Magerquark-Joghurt
½ TL Sambal Oelek
2 TL Mayonnaise (20 %)
2 gehackte schwarze Oliven
½ TL Sojasoße
1 EL Silberzwiebeln,
fein gewürfelt

ZUBEREITUNG:

Alle Zutaten in den Mixtopf füllen und **10 Sek./Stufe 4** verrühren. DAZU: Gemüsestifte nach Wahl.

Tomate-Ei-Aufstrich

(8 Portionen) pro Portion: 1 *.

ZUTATEN:

150 g Frischkäse (30 g Fett i. Tr.)
125 gr. fettarmer Joghurt
3 EL Mineralwasser
Salz & Pfeffer
Paprikapulver
1 Tomate
1 hart gekochtes Ei
Schnittlauchröllchen
nach Geschmack

ZUBEREITUNG:

Frischkäse mit Joghurt und Mineralwasser auf **Stufe 2** verrühren und mit den Gewürzen abschmecken. Tomate und Ei in kleine Würfel schneiden und mit dem Schnittlauch unter die Crème ziehen. Nochmals nach Belieben abschmecken.

Würzige Tatarbrote

(2 Portionen) pro Portion: 6,5 *.

ZUTATEN:

1 Zwiebel
2–3 Gewürzgurken
300 g Tatar
1 Eigelb
Paprika edelsüß, Salz & Pfeffer
nach Geschmack

ZUBEREITUNG:

Zwiebel und Gewürzgurke **5 Sek./Stufe 5** zerkleinern. Restliche Zutaten dazu geben und vermengen, **40 Sek./LL/ Stufe 1–2**. Die Menge reicht für ca. 4 Scheiben Brot (8 *.) vorzugsweise eine dunkle Sorte d. h. 2 Personen werden gut satt davon.

Gefüllte Cannelloni

(4 Portionen) pro Portion: 5 *.

ZUTATEN:

1 Zwiebel
2 Knoblauchzehen
2 TL Olivenöl
(ersatzweise Pflanzenöl)
450 g Blattspinat
100 ml Wasser
125 g Ricotta
1 EL Zitronensaft
Salz & Pfeffer
geriebene Muskatnuss
125 g Krabben
16 Cannelloni
750 g passierte Tomaten
1 TL Balsamicoessig
1 EL Oreganoblättchen
6 EL geriebener Käse (32 % Fett i. Tr.)

ZUBEREITUNG:

Zwiebeln und Knoblauch in den Mixtopf geben und **3 Sek./Stufe 7** zerkleinern. Öl zufügen und **3 Min/90 °C/ Stufe 2** glasig dünsten. Spinat und Wasser zugeben und nochmals **3 Min./90 °C/Stufe 2** dünsten. Ricotta mit dem Zitronensaft unterheben (Spatel), pikant mit Salz, Pfeffer und Muskatnuss würzen. Krabben bei **LL/ Stufe 2–3** unterheben. Cannelloni mit der Mischung füllen und in eine Auflaufform setzen. Passierte Tomaten mit Essig und Oreganoblättchen kurz im Mixtopf **2–3 Sek./ Stufe 2–3** verrühren und mit Salz und Pfeffer würzen. Über die Cannelloni geben und mit Käse bestreuen. Im vorgeheizten Backofen auf mittlerer Schiene bei 200 °C (Gas: Stufe 3) ca. 30 Min. garen und heiß servieren.

Heiß geliebter Nudelauflauf

(4 Portionen) pro Portion: 7 *.

ZUTATEN:

400 g Pilze
4 Paprikaschoten
2 Zwiebeln
240 g Tatar
4 EL Wasser
800 g passierte Tomaten
Salz & Pfeffer, Kräuter
480 g gegarte Nudeln
225 g Käse (30% Fett i. Tr.)
150 g Magermilch-Joghurt

ZUBEREITUNG:

Pilze in Scheiben, Paprika in Stifte, Zwiebeln in Ringe schneiden und mit dem Tatar in Wasser **5 Min./90 °C/ Stufe 2/LL** dünsten. Passierte Tomaten zugeben und mit Salz, Pfeffer und Kräutern würzen. Nochmals kurz **Stufe 3/ LL** mischen. Masse abwechselnd mit den gegarten Nudeln in eine Auflaufform schichten. Käse mit Joghurt kurz **Stufe 4** mischen, nach Wunsch würzen und auf dem Auflauf verteilen. Im Backofen bei 200 °C auf der mittleren Schiene ca. 45 Min. backen.

Käse-Nudel-Auflauf

(8 Portionen) pro Portion: 1 *.

ZUTATEN:

1 Stange Porree
1 rote Paprika · 1 grüne Paprika
1 Scheibe gekochter Schinken
Salz & Pfeffer · ½ Msp. Muskat
½ TL Paprikapulver
Majoran & Rosmarin
½ Bund gehackte Petersilie
120 g gegarte Nudeln
50 g Schmelzkäse (20–25% Fett)
1 EL saure Sahne
60 ml fettarme Milch
2 EL Parmesan

ZUBEREITUNG:

Gemüse in Stücken in den Mixtopf geben und **3–4 Sek./ Stufe 7** zerkleinern, dann **4 Min./100 °C/Stufe 2** dünsten. Gewürfelten Schinken, Gewürze, Nudeln und Schmelzkäse in Stücken dazugeben und alles **10 Sek./LL/Stufe 2** mischen. In einer Auflaufform mit einer Soße aus saurer Sahne und Milch übergießen. Mit Käse bestreuen und bei 200 °C im Ofen 20 Min. überbacken.

Lasagne mit buntem Gemüse

(4 Portionen) pro Portion: 4 *.

ZUTATEN:

1 große Zwiebel
2 Knoblauchzehen
2 TL Pflanzenöl
2 Möhren · 1 Zucchini
1 grüne Paprikaschote
1 gelbe Paprikaschote
1 Dose Tomaten
Salz & Pfeffer
Majoren, Paprikapulver, Basilikum
2 EL gehackte Petersilie
6 Lasagneplatten
4 EL geriebener Käse
(bis 45% Fett i. Tr.)
Oregano

ZUBEREITUNG:

Zwiebeln, Knoblauch in den Mixtopf geben und **3 Sek./ Stufe 7–8** zerkleinern. Öl dazu und **4 Min./90 °C/Stufe 2** andünsten. Möhren, Zucchini und Paprika in Stücken dazugeben und ebenfalls **3 Sek./Stufe 7** zerkleinern. Tomaten in Vierteln, Salz, Pfeffer, Majoran, Paprikapulver, Basilikum und Petersilie dazugeben und rühren lassen. Etwas einkochen, **LL/Stufe 3**. Gemüse mit den Lasagneplatten abwechselnd in eine Auflaufform schichten. Käse und Oregano darüber streuen und im Backofen bei 200 °C auf der mittleren Schiene ca. 45 Min. backen.

Quark-Obst-Auflauf

(Auflauf) pro Portion: 6 *.

ZUTATEN:

150 g Speisequark Magerstufe
1 Ei
1 Pr. Salz
1 EL (10 g) Speisestärke
½ TL Backpulver
60 ml Milch (1,5 %)
1 EL (15 g) Vanillezucker
Süßstoff ca. 7–8 Spritzer
500 g Erdbeeren oder
Obst nach Wahl

ZUBEREITUNG:

Eiweiß **Stufe 4** steif schlagen und umfüllen. Alle anderen Zutaten im Mixtopf **20 Sek./Stufe 4** aufschlagen. Das Eiweiß unterheben. Erdbeeren waschen, klein schneiden und in eine Auflaufform geben. Darauf die Quarkcrème und im vorgeheizten Backofen bei 200 °C ca. 20 Min. backen. (O/U)

Überbackene Hähnchenfilets auf Pilzreis

(Auflauf) pro Portion: 6,5 *.

ZUTATEN:

120 g Geflügelfilet
2 Pfirsichhälften
(Konserve ohne Zucker)
1 Scheibe Käse (30%)
1 Zwiebel
250 g Pilze nach Wahl
1 TL Pflanzenöl
3 EL gegarte Wildreis-Mischung
½ l Wasser
Salz & Pfeffer
2 EL gehackte Petersilie

ZUBEREITUNG:

Filet entweder fettfrei anbraten oder gleich in den Einlegeboden vom Varoma® legen. Würzen und mit den Pfirsichen und dem Käse belegen. Zwiebel in Ringe schneiden, Pilze in Scheiben und in den Varoma® legen. Wasser in den Mixtopf füllen, den Reis in das Garkörbchen einfüllen und alles **25 Min./Varoma®/Stufe 2** garen. Mit dem Reis anrichten. Gemüse dazu und mit Gewürzen und Petersilie abschmecken.

Wintergemüse-Auflauf

(6 Portionen) pro Portion: 5 *.

ZUTATEN:

6 mittelgroße Kartoffeln
600 g Möhren
800 g Rosenkohl
1 l Gemüsebrühe (4 TL Instant)
250 g Pilze
2 TL Pflanzenöl
375 ml fettarme Milch
4 Eier
180 g Frischkäse (30% Fett i. Tr.)
½ Bund Petersilie
(ersatzweise TK)
Salz & Pfeffer
geriebene Muskatnuss
5 TL Mandelblättchen

ZUBEREITUNG:

Kartoffeln und Möhren in Stücke schneiden und mit dem Rosenkohl in den Varoma® legen. Brühe in den Mixtopf füllen und Deckel schließen. Nun **15 Min./Varoma®/Stufe 2** erhitzen. Pilze in Scheiben schneiden und in erhitztem Öl anbraten. Nach Ablauf der Zeit Gemüse gut abtropfen lassen und die Brühe wegschütten. Nun Milch mit Eiern und Frischkäse in den Mixtopf geben und **3 Sek./Stufe 4** verrühren. Gehackte Petersilie untermischen **Stufe 3**. Mit Salz, Pfeffer und Muskat würzen. Gemüse mit den Pilzen mischen und in eine Auflaufform geben. Eier-Milchgemisch drüber gießen. Mit Mandeln bestreuen und im vorgeheizten Backofen auf mittlerer Schiene bei 200 °C (Gas: Stufe 3) ca. 25 Min. backen. Zeitaufwand ca. 70 Min.

Borschtsch

(4 Portionen) pro Portion: 1 *.

ZUTATEN:

500 g Rote Beete
½ Weißkohl
2 Stangen Bleichsellerie
4 Zwiebeln
2 Knoblauchzehen
2 TL Pflanzenöl
750 ml Gemüsebrühe
(3 TL Instant)
Salz & Pfeffer
2 EL Zitronensaft
1 EL weißer Balsamicoessig
einige Tropfen flüssiger Süßstoff
2 EL gehackte Petersilie
1 EL gehackter Dill
4 EL saure Sahne

ZUBEREITUNG:

Rote Beete in Würfel, Weißkohl in Streifen und Sellerie in Scheiben schneiden und in den Varoma® legen. Zwiebeln und Knoblauch Mixtopf **3–4 Sek./Stufe 7–8** zerkleinern. Nun Öl dazugeben und **4 Min./100 °C/Stufe 2** andünsten. Brühe angießen und Deckel schließen. Nun **30 Min./Varoma®/Stufe 2** garen. Borschtsch in eine Schüssel füllen und das Gemüse dazugeben. Mit Salz, Pfeffer, Zitronensaft, Essig und Süßstoff abschmecken. Mit Kräutern bestreuen und mit saurer Sahne servieren.

Bunter Hackbraten

(4 Portionen) pro Portion: 1 *.

ZUTATEN:

500 g Putenbrust
200 g Paprika
100 g Mais
1 Btl. Hackbratenfix

ZUBEREITUNG:

Paprika in Stücken im Mixtopf **3 Sek./Stufe 4–5** zerkleinern und umfüllen. Putenfleisch in Stücken im Mixtopf **Stufe 8–9** zerkleinern (evtl. in 2 Schritten). Nun Hackbratenfix zufügen und Paprika und Mais dazugeben. Die Masse in eine ofenfeste Form geben und 30–40 Min. bei 180 °C garen.

Chili-Honig-Chicken

ZUTATEN:

600 g Hähnchenbrustfilet
1 rote Chilischote
1 EL Pflanzenöl
4 EL Sojasoße
4 TL Honig
2 EL Ketchup
1 EL Zitronensaft
2 EL Chilisoße
Salz & Pfeffer

ZUBEREITUNG:

Hähnchenbrustfilet in grobe Würfel und Chilischote entkernen und in Ringe schneiden. Öl, Sojasoße, Honig, Ketchup, Zitronensaft und Chilisoße in den Mixtopf geben und **3 Sek./Stufe 5** rühren. Chiliringe untermengen und kurz **LL/Stufe 2** mischen. Mit Salz und Pfeffer kräftig abschmecken, Hähnchenwürfel in eine Schüssel füllen und in der Chili-Marinade einlegen und ca. 2 Stunden ziehen lassen. Hähnchenwürfel auf ein mit Backfolie ausgelegtes Backblech legen und im vorgeheizten Backofen auf mittlerer Schiene bei 225 °C (Gas: Stufe 3) ca. 20 Min. knusprig backen.

Gemüsebolognese

ZUTATEN:

1 Zwiebel
1 TL Pflanzenöl
2 Karotten
200 g Lauch
1 Paprika (rot oder gelb)
200 g Tomaten
2 EL Tomatenmark
50 g Gemüsebrühe
Salz & Pfeffer
Oregano & Basilikum
100 g Mais (Konserve)

ZUBEREITUNG:

Zwiebel in den Mixtopf füllen und **2–3 x Turbo** drücken. Pflanzenöl dazugeben und **5 Min./Varoma®/Stufe 1** andünsten. Karotten dazugeben und **2–3 x Turbo** drücken und wieder **5 Min./Varoma®/Stufe 1** weiter dünsten. Lauch, Paprika, Tomaten dazugeben und wieder **2–3 x auf Turbo** drücken und alles zerkleinern. Tomatenmark, Brühe, Salz, Pfeffer, Oregano, Basilikum zugeben und **40 Sek./Stufe 3** mischen. Nun den Mais dazugeben und alles nochmals **10 Min./90 °C/Stufe 2** garen. Dazu Reis servieren.

Gulasch

ZUTATEN:

2 Tomaten
2 Karotten
je 1 rote, gelbe & grüne
Paprikaschote
2 Knoblauchzehen
4 Zwiebeln
40 g Tomatenmark
1 TL Öl
(und einen Schluck Wasser)
500 g Wasser
2 ½ TL Gemüsebrühe
375 g mageres Rindergulasch
Salz & Pfeffer
½ TL Paprikapulver,
rosenscharf

ZUBEREITUNG:

Tomaten klein schnippeln und in eine Schüssel füllen. Karotten **3 Sek./Stufe 5** zerkleinern und zu den Tomaten geben. Paprika **Stufe 4–5** kurz zerkleinern (Sichtkontakt), ebenfalls umfüllen. Knoblauch und halbierte Zwiebel auf **Stufe 4** zerkleinern. Öl und etwas Wasser dazugeben und **5 Min./90 °C/Stufe 2** dünsten. Die Hälfte des Fleisches zugeben und **10 Min./100 °C/Stufe 1** anbraten (ohne Messbecher). Das restliche Fleisch nach 2 Min. durch die Deckelöffnung dazugeben. Die letzten 2 Min. das zerkleinerte Gemüse und das Tomatenmark zugeben und mit anbraten. Jetzt die restlichen Zutaten und Gewürze zugeben und **40 Min./Varoma®/LL/Stufe 1** schmoren lassen. VARIANTEN: In den Garaufsatz Kartoffeln geben und mit dem Gulasch kochen lassen dann je 2 *. pro Person zusätzlich rechnen.

Gyrosteller mit Salat

ZUTATEN:

300 g Schweinefilet · Gyros Gewürz
5 TL Pflanzenöl
FÜR DAS TZATZIKI:
1 Zwiebel, 2 Knoblauchzehen
1 Salatgurke
500 g fettarmer Joghurt
3 EL Zitronensaft, Salz & Pfeffer
FÜR DEN SALAT:
2 rote Paprikaschoten
½ Kopf Eisbergsalat, 4 Tomaten
4 EL Mais (Konserve)
2 EL Balsamicoessig
6 EL Gemüsebrühe (½ TL Instant)
4 Ecken Fladenbrot (200 g)

ZUBEREITUNG:

Schweinefleisch in Streifen schneiden und mit dem Gyros Gewürz würzen. 2 TL Öl in einer beschichteten Pfanne erhitzen und Fleischstreifen darin knusprig braten. Warmstellen. Für die Tzatziki Soße Zwiebeln, Knoblauch und ⅓ Gurke in Stücken in den Mixtopf geben und **5 Sek./Stufe 8** zerkleinern. Joghurt und Zitronensaft dazugeben und nochmals **10 Sek./Stufe 3–4** verrühren. Mit Salz und Pfeffer abschmecken. Umfüllen. Für den Salat Paprikaschoten und Eisbergsalat in Streifen, restliche Gurke in Scheiben, Tomaten in Spalten schneiden und mit dem Mais vermischen. Restliches Öl mit Essig und Brühe im Mixtopf kurz **3 Sek./Stufe 4** verrühren, mit Salz und Pfeffer abschmecken und über den Salat gießen. Gyros mit Tzatziki, Salat und Fladenbrot servieren.

Hähnchenbrust mit Gemüse & Käse

(1 Portion) pro Portion: 3 *.

ZUTATEN:

125 g Hähnchenbrustfilet
1 kleine Gemüsezwiebel
1 Tomate
1 Paprikaschote
1 kleine Aubergine
2 EL geriebener Käse (30 %)
Basilikumblätter
Salz, Pfeffer & Muskat
Nudeln oder Reis

ZUBEREITUNG:

Hähnchen kurz fettfrei in der Pfanne anbraten (schmeckt besser). Salzen, pfeffern, in Scheiben schneiden und in den Einlegeboden legen. Tomaten achteln und in den Varoma® legen. Zwiebel **3 Sek./Stufe 7–8** zerkleinern und ebenfalls in den Varoma®. Paprikaschote in Stücken **2–3 Sek./Stufe 5–6** zerkleinern und in den Varoma® geben. Nun noch die Aubergine **2 Sek./Stufe 4** zerkleinern und auch dazugeben. Mit Salz, Pfeffer und Muskat würzen. Käse auf das Fleisch geben und nun ½ Liter Wasser in den Mixtopf füllen und **20 Min./Varoma®/Stufe 1** dampfgaren. Gemüse, Fleisch auf Tellern anrichten und mit Basilikumblättern garnieren. Dazu Nudeln oder Reis die im Garkörbchen mit gekocht werden können oder einfach pur genießen!

Kalbsschnitzel mit Pilzen

(4 Portionen) pro Portion: 6 *.

ZUTATEN:

2 Zwiebeln
2 Knoblauchzehen
3 TL Pflanzenöl
800 g gemischte Pilze
(z. B. Champignons, Pfifferlinge)
600 ml Fleischfond
100 ml Wasser
5 EL Sauerrahm/Schmand
Salz & Pfeffer
geriebene Muskatnuss
1 TL Zitronensaft
1 TL heller Soßenbinder (Instant)
1 EL gehackte Petersilie
4 Kalbsschnitzel (á 125 g)
1 EL Salbeiblätter
800 g gekochte Kartoffeln

ZUBEREITUNG:

Zwiebeln und Knoblauch im Mixtopf **3 Sek./Stufe 7–8** zerkleinern. Öl zufügen und **3–4 Min./90 °C/Stufe 2** andünsten. Pilze klein schneiden und zufügen und nochmals **2 Min./90 °C/LL/Stufe 2** köcheln lassen. Fond und Wasser zufügen, Schmand einrühren (**Stufe 2**), weitere **2–3 Min./90 °C/LL/Stufe 2** köcheln lassen, mit Salz, Pfeffer, Muskatnuss und Zitronensaft abschmecken und mit Soßenbinder andicken. Petersilie unterheben. Restliches Öl in einer Pfanne erhitzen. Kalbsschnitzel mit Salz und Pfeffer würzen, mit den Salbeiblättchen im erhitzten Öl von beiden Seiten ca. 2 Min. braten. Kalbsschnitzel mit Salbei, Pilzen und Kartoffeln servieren. (Angebraten schmecken die Kalbschnitzel einfach besser! Man kann Sie auch im Varoma® mitdünsten). Dazu schmeckt ein gemischter Blattsalat mit Rucola.

Kartoffeleintopf mit Bohnen und Mais

(4 Portionen) pro Portion: 4 *.

ZUTATEN:

2 Gemüsezwiebeln
1 EL Pflanzenöl
10- 12 Kartoffeln
500 g grüne Bohnen frisch
oder Tiefkühlware
(im Notfall aus der Dose)
1,2 l Gemüsebrühe aus Pulver
1 Dose Mais
1 Dose Kidneybohnen
Salz & Cayennepfeffer
zum Würzen

ZUBEREITUNG:

Zwiebeln **3–5 Sek./Stufe 5** zerkleinern. Öl hinzufügen und **3 Min./Varoma®/Stufe 1** andünsten. Brühe, gewürfelte Kartoffeln und grüne Bohnen hinzufügen und **20 Min./Varoma®/Stufe 1** garen. Mais und Kidneybohnen abtropfen lassen und in der Suppe erhitzen **4 Min./100 °C/Stufe 1**. Mit Salz und Cayennepfeffer abschmecken.

Mexikanische Gemüsequiche

(4 Portionen) pro Portion: 6 *.

ZUTATEN:

180 g Mehl
1 Pr. Salz
10 g Hefe
100 g lauwarmes Wasser
1 TL Zucker
3 Tomaten
2 gelbe Paprika in Stücken
2 EL Kidneybohnen
4 Eier
7 EL saure Sahne mit Salz,
Pfeffer und mexikanischer
Gewürzmischung

ZUBEREITUNG:

Mehl, Salz, Hefe, Wasser und Zucker in den Mixtopf geben und **2 Min./Brotstufe** verkneten. Umfüllen und ca. 30 Min. gehen lassen. Tomaten entkernen und mit den Paprika in Stücken in den Mixtopf geben und kurz auf **Stufe 5** hochschalten. Evtl. wiederholen. Gemüse umfüllen und Kidneybohnen untermischen. Teig in eine gefettete Tarte- oder Springform (ca. 30 cm Durchmesser) geben und bei 180 °C 10 Min. blind backen. Dann die Gemüsemischung auf dem Teig verteilen. Eier, saure Sahne, Salz, Pfeffer Mexikowürze in den Mixtopf geben und ca. **25–30 Sek./Stufe 5** verrühren und abschmecken. Die Eiermischung über den Gemüsekuchen geben und bei 180 °C ca. 40 –45 Min. backen. Das Rezept für 4 Personen als Hauptgericht hat je 6 *. Man kann die Gemüsequiche aber auch als Fingerfood servieren, dann hat man bei 10 Stücken 2,5 * .pro Stück.

Nudeln mit Gemüsestreifen

(2 Portionen) pro Portion: 3,5 *.

ZUTATEN:

3 Frühlingszwiebeln
1 Zucchini
2 Karotten
1 l Wasser
4 EL Apfelessig
Vollkorn-Nudeln
1 Dose Tomaten in Stücken
8 EL Tomatenmark
2 TL Distelöl
2 TL Paprika edelsüß
Salz & Pfeffer

ZUBEREITUNG:

Frühlingszwiebeln (in Ringe schneiden), Zucchini, Karotten in feine Stifte hobeln und zur Seite stellen. Wasser in den Mixtopf geben und **8 Min./Varoma®/Stufe 1** aufkochen. Apfelessig, Salz und Vollkorn-Spiralnudeln dazugeben und **10 Min./90 °C/LL/Stufe 1** kochen. 3 Min. vor Garzeitende das Gemüse zugeben und mit dem Spatel etwas mitrühren. Danach in ein Sieb abgießen. Mixtopf nicht spülen. 1 Dose abgetropfte Tomatenstücke, Tomatenmark, Distelöl Paprika, Salz und Pfeffer in den Mixtopf geben und **3 Min./100 °C/LL/Stufe 1** garen. Nudel-Gemüse-Gemisch in eine Schüssel geben, Soße darüber geben und vermengen.

Paprika-Kraut-Topf

(8 Portionen) pro Portion: 2,5 *.

ZUTATEN:

800 g Weißkohl
3 Zwiebeln
200 g Speckwürfel mit 2% Fett
2 EL Paprika edelsüß
500 ml Gemüsebrühe
100 g Crèmefine
1 EL Tomatenmark
Salz & Pfeffer
500 g Kartoffeln in Würfel

ZUBEREITUNG:

Weißkohl in 2 Portionen in Stücke geschnitten je **10 Sek./Stufe 5** zerkleinern und umfüllen. Zwiebeln ebenfalls **5 Sek./Stufe 5** zerkleinern (mit Spatel). Speckwürfel zugeben und alles **2–3 Min./100 °C/Stufe 1–2** andünsten. 2 EL Paprika zugeben und kurz mitrühren lassen. Kohl, Brühe, Crèmefine, Tomatenmark, Salz und Pfeffer zugeben und **15 Min./Varoma®/Stufe 2** garen. Kartoffeln in Würfel zu geben und nochmals alles **30 Min./100 °C/Stufe 2** weiter kochen lassen. Evtl. noch mit kleinen Hackbällchen servieren (Bällchen aus Rinderhack herstellen.) Der Krauttopf hat bei 8 Portionen je 2,5 *. Die Bällchen haben bei 16 Stück von 400 g Rinderhack noch einen Wert von 0,5 *. pro Stück.

Reibekuchen mit Lachs

(8 Portionen) pro Portion: 4 *.

ZUTATEN:

1 kg Kartoffeln
2 Eier
1 TL Salz
2 EL Mehl
4 TL Kondensmilch (4–7% Fett)
270 g Räucherlachs
75 g Senf
6 TL Honig
1 EL Dill, gehackt

ZUBEREITUNG:

Kartoffeln schälen und in Stücken in den Mixtopf geben und **3 Sek./Stufe 8** zerkleinern. Eier, Salz, Mehl & Kondensmilch **1 Min./Stufe 3** untermischen. Aus der Kartoffelmasse nacheinander Teigkleckse in eine mit Bratfolie ausgelegte Pfanne geben, zu flachen Kuchen formen und von beiden Seiten ca. 3 Min. goldbraun backen. Reibekuchen auf einer Platte anrichten und mit Lachs und einem Dressing aus Senf, Honig und Dill servieren.

Spaghettiomelett

(1 Portion) pro Portion: 7 *.

ZUTATEN:

70 g Spaghetti
1 l Wasser
1 Ei
65 ml fettarme Milch
1 Paprikaschote
Salz & Pfeffer
gehackte Petersilie
gehackter Schnittlauch
2 EL Parmesan

ZUBEREITUNG:

Wasser und Salz in den Mixtopf füllen und **10 Min./ 100 °C/Stufe 1** aufkochen. Dann die Spaghetti durch die Deckelöffnung in den Mixtopf geben und nochmals **8–10 Min./LL/Stufe 1** garen. Umfüllen. Paprika in Stücken in den Mixtopf geben und **kurz/ Stufe 7** zerkleinern. Nun die restlichen Zutaten bis auf den Parmesan dazugeben, **5 Sek./ Stufe 4** verrühren. Bratfolie in eine Pfanne legen und die Spaghetti reinlegen. Eimasse darüber geben und mit 2 EL Parmesan bestreuen. Omelett bei milder Hitze und geschlossenem Deckel 5–10 Min. stocken lassen.

(2 Portionen) pro Portion: 5 *.

Spaghettipizza

ZUTATEN:

1 Ei
Salz & Pfeffer
300 g Spaghetti
1 Paprikaschote
1 Zucchini
½ Aubergine
1 Tomate
2 TL Tomatenmark
Kräuter der Provence
1 Pr. Zucker
½ Kugel Mozzarella

ZUBEREITUNG:

1 ½ Liter Wasser in den Mixtopf füllen. **11 Min./100 °C/Stufe 1** kochen. Die Spaghetti durch die Deckelöffnung zugeben und **8–10 Min./90 °C/Stufe 1** garen. Umfüllen und warmstellen. Das Ei mit Salz und Pfeffer kurz **Stufe 3** verquirlen. Mit den Spaghetti vermengen und in eine runde mit Backfolie ausgelegte Auflaufform füllen (Ø 26 cm). Die Paprikaschote in Streifen, Zucchini, Aubergine und Tomate in Scheiben schneiden und ins Garkörbchen geben **10 Min./Varoma®/Stufe 2** dünsten. Im Mixtopf kurz **Stufe 7** zerkleinern. Das Tomatenmark unter das fertige Gemüse im Mixtopf verrühren und mit Kräutern, Zucker, Salz und Pfeffer abschmecken. Die Gemüsemasse auf den Nudelboden geben. Mozzarella in Streifen schneiden, darüber verteilen und im vorgeheizten Ofen bei 200 °C ca. 20 Min. backen.

(4 Portionen) pro Portion: 7,5 *.

Spinat-Risotto

ZUTATEN:

30 g Parmesan
500 g TK-Spinat
1 große Zwiebel
50 g Butter
200 g Risottoreis
100 g Weißwein
600 g heiße Gemüsebrühe
Salz & Pfeffer
Muskat
30 g Emmentaler

ZUBEREITUNG:

Parmesan **10 Sek./Stufe 10** zerkleinern und umfüllen. Mixtopf spülen. Spinat im Varoma® ca. **15 Min./Varoma®/Stufe 1** auftauen lassen und abtropfen lassen. Zwiebel **3 Sek./Stufe 5** zerkleinern. Mit dem Spatel Butter zugeben und **3 Min./100 °C/LL/Stufe 1** dünsten. Reis zugeben und nochmals **3 Min./100 °C/Stufe 1** mitdünsten. Mit Weißwein ablöschen und **5 Sek./Stufe 2** mischen (ohne MB). Heiße Brühe und Spinat zugeben und **22 Min./100 °C/LL./ Stufe 1** garen. Käse zugeben und mit Muskat, Salz und Pfeffer würzen. Alles nochmals **10 Sek./LL/Stufe 2** verrühren. Auf Teller verteilen und Emmentaler darüber hobeln.

Tomatige Putenschnitzel

(4 Portionen) pro Portion: 3,5 *.

ZUTATEN:

4 Putenschnitzel (à 180 g)
1 TL Öl
250 g frische Champignons
100 g passierte Tomaten
2 TL Senf
100 ml Milch (1,5% Fett)

ZUBEREITUNG:

Schnitzel salzen und pfeffern und von beiden Seiten kräftig anbraten. Beiseite stellen. Zwiebeln in den Mixtopf geben und **3 Sek./Stufe 8** zerkleinern. Geschnittene Champignons zufügen und **2 Min./LL/Stufe** 1. Mit Gemüsebrühe ablöschen und die passierten Tomaten hinzufügen. Senf und Milch dazugeben. Schnitzel in den Varoma® einlegen und alles nochmals **10 Min./Varoma®/LL/Stufe 1** aufkochen lassen. Alles mit Salz, Pfeffer, Petersilie und Knoblauch abschmecken. Dazu passen wunderbar Reis oder Nudeln.

Türkische Pizza

(4 Portionen) pro Portion: 5 *.

ZUTATEN:

2 Zwiebeln
1 Knoblauchzehe
2 TL Pflanzenöl
360 g Tartar (Rinderhack)
2 TL Tomatenmark
Salz, Pfeffer & Chilipulver
4 Tortillafladen
500 g fettarmer Joghurt
4 Tomaten
1 Eisbergsalat
2 eingelegte Peperoni

ZUBEREITUNG:

1 Zwiebel in den Mixtopf geben und **3 Sek./Stufe 7** klein hacken. Restliche Zwiebel in Ringe schneiden. Rinderhack mit Öl in den Mixtopf geben und **2 Min./100 °C/Stufe 2** anbraten. Tomatenmark einfüllen und kurz mischen **Stufe 3**. Mit Salz, Pfeffer und Chili abschmecken. Tortillafladen im vorgeheizten Backofen bei 200 °C ca. 4 Min. erhitzen. Knoblauch in den Mixtopf geben und kurz auf **Turbo** zerkleinern. Joghurt zufügen und kurz wieder umrühren. **Stufe 3**. Mit Salz und Pfeffer abschmecken. Tomaten entkernen, würfeln, Salat in Streifen und Peperoni in Ringe schneiden. Tortillafladen mit Tatarmasse bestreichen, mit Tomatenwürfeln, Peperoni und Zwiebelringen belegen. Mit Knoblauchsoße beträufeln, zusammenklappen und mit restlichem Salat und Knoblauchsoße servieren. Wer es lieber kleiner mag, kann diese Zutaten auch im Mixtopf kurz **3 Sek./Stufe 6–7** mit Sichtkontakt zerkleinern (je nach Geschmack).

Lachs-Frischkäse-Rolle

(4 Portionen) pro Portion: 2,5 *.

ZUTATEN:

100 g Blattspinat (TK)
1 Zwiebel
75 ml Gemüsebrühe
(1/4 TL Instant)
2 EL Frischkäse (30% Fett i. Tr.)
1 ½ EL Magerquark
2 TL geriebener Meerrettich
165 g Räucherlachs
1 EL Pflanzenöl
2 EL weißer Balsamicoessig
Salz & Pfeffer
einige Tropfen flüssiger Süßstoff
300 g gemischte Blattsalate

ZUBEREITUNG:

Spinat antauen lassen. Zwiebel im Mixtopf **3 Sek./Stufe 7** zerkleinern. Brühe zugießen und **5 Min./90°C/Stufe 3** köcheln. Spinat zufügen und nochmals **3 Min./90 °C/LL/Stufe 2** erwärmen. Nun Spinat gut ausdrücken und wieder in den Mixtopf füllen und **30 Sek./Stufe 8–10** pürieren. Frischkäse, Quark und Meerrettich dazugeben und **10 Sek./Stufe 5** unterrühren. Lachs auf Klarsichtfolie auslegen, mit der Spinatcrème bestreichen, und mithilfe der Folie stramm aufrollen. Über Nacht kaltstellen. Öl und Essig im Mixtopf **Stufe 3** verrühren und mit Salz, Pfeffer und Süßstoff pikant abschmecken. Blattsalate in mundgerechte Stücke zupfen, mit dem Dressing beträufeln. Lachs-Frischkäserolle in Stücke schneiden und auf dem Salat anrichten.

Kabeljau mit Tomaten & Champignons

(4 Portionen) pro Portion: 5 *.

ZUTATEN:

500 g Tomaten
1 Zwiebel
1 Knoblauchzehe
200 g Champignons
4 Kabeljaufilets (à 150 g)
2 EL Zitronensaft
Salz & Pfeffer
1 TL gehackter Oregano
2 TL Pflanzenöl
150 g Sauerrahm (Schmand 24%)
einige Blätter Basilikum

ZUBEREITUNG:

Zwiebel und Knoblauch im Mixtopf **3 Sek./Stufe 7** zerkleinern. Tomaten dazugeben und nochmals **3 Sek./Stufe 5** ebenfalls zerkleinern. Öl zugeben und **3–5 Min./100 °C/Stufe 2** garen. Mit Salz und Pfeffer würzen und in eine Auflaufform füllen. Champignons in Scheiben schneiden. Fischfilets mit Zitronensaft beträufeln und mit Salz und Pfeffer würzen. Fisch und Pilze auf das Gemüse legen, mit Sauerrahm bestreichen und abgedeckt im Backofen auf der mittleren Schiene bei 200 °C (Gas: Stufe 3) ca. 20 Min. garen. Mit Basilikum garniert servieren. Beilage: Kartoffeln (für 2 *.).

FISCH

Mahi-Mahi Filet mit Frühlingszwiebeln & Möhren

(1 Portion) pro Portion: 5 *.

ZUTATEN:

4 gefr. Stücke je 100 g
Mahi-Mahi Fischfilets
3 Möhren
1 Bund Frühlingszwiebeln
250 g Basmatireis
900 ml Gemüsebrühe
FÜR DIE SOSSE:
½ l Garflüssigkeit
(etwas aufgefüllt),
1 EL Margarine
30 g Mehl
1 EL Senf
Salz & Pfeffer

ZUBEREITUNG:

Mahi-Mahi Fischfilet oder anderes Fischfilet pfeffern, mit Zitronen beträufeln und mit Dill überstreuen. Dies in den Einlegeboden vom Varoma® legen. Möhren gewürfelt und Frühlingszwiebeln in Ringe in den Varoma® legen. Reis in den Garkorb und Brühe in den Mixtopf einfüllen. Nun alles **25-30 Min./Varoma®/Stufe 1** kochen. Wer Soße dazu mag, macht es so: Für die Soße Garflüssigkeit auffangen und 1 EL Margarine, Senf, Salz und Pfeffer zugeben und nochmals kurz **3 Min./100 °C/Stufe 1** aufkochen.

Orangensoße an Seezungenfilets

(4 Portionen) pro Portion: 4,5 *.

ZUTATEN:

8 Seezungenfilets (á 70 g)
3 EL Zitronensaft
Salz & Pfeffer
2 TL Margarine
50 ml Gemüsebrühe (Instant)
200 ml Orangensaft, ohne Zucker
2 TL Honig
1 EL heller Soßenbinder (Instant)
1 TL grüne Pfefferkörner,
eingelegt
1 TL Estragon, gehackt
1 EL Petersilie, gehackt
240 g gegarter Reis

ZUBEREITUNG:

Seezungenfilets mit 2 EL Zitronensaft beträufeln, mit Salz und Pfeffer würzen. Margarine im Mixtopf **2 Min./70°C/ Stufe 2** schmelzen lassen. Brühe, 120 ml Orangensaft und restlichen Zitronensaft zugießen und Honig **Stufe 3** einrühren. Seezungenfilets rollen, in den Varoma® geben und **10–15 Min./Varoma®/Stufe 2** Soße aufkochen. Soßenbinder mit restlichem Orangensaft anrühren und Soße damit binden. Pfefferkörner leicht zerdrücken, mit Estragon zur Soße geben und mit Salz und Pfeffer abschmecken. Auf vorgewärmten Tellern anrichten, mit Orangensoße übergießen, Petersilie darüber streuen und mit Reis servieren. DAZU: frischer grüner Blattsalat.

Abnehmen mit System
für den Thermomix